D
H

# El libro de las Adivinanzas

Marta Abril

Ilustraciones de Horacio Elena

CÍRCULO de LECTORES

Texto © Marta Abril, 2005
Ilustraciones © Horacio Elena, 2005
Proyecto gráfico de Aura Comunicación - Joaquín Monclús



Licencia editorial para Círculo de Lectores por cortesía
de Perspectiva Editorial Cultural, S.A.
Círculo de Lectores, S.A. (Sociedad Unipersonal)
Travessera de Gràcia, 47-49, 08021 Barcelona
www.circulo.es
5011987654321

ISBN: 84-672-1336-1
Depósito Legal: B-29832-2005
Impresión: I. Gráficas Mármol, S.L.
Printed in Spain
Nº 20644

Miles de hermanitas
duermen de día,
y de noche brillan
todas quietecitas.

[1]

En verano, barbudo;
en invierno, desnudo.

[2]

No soy florista,
pero vivo entre flores
y, aunque me resista,
el hombre arrebata
mis dulces labores.

[3]

Vivo en el bosque,
trepo a los árboles,
como piñones.
Aunque no tengo alas,
parece que vuele
como los aviones.

[4]

Soy redondo como el sol;
mi casita va conmigo
vaya donde vaya yo.

[5]

Pie por pie me fueron calzando
hasta los cien que tenía,
y en calzarlos a todos
tardaron cien días.

[6]

Tiene orejas largas
y la cola pequeña;
si una zanahoria le das,
sus dientecitos verás.

[7]

Salgo todas las mañanas,
cuando atardece me escondo;
sin ser estufa doy calor
y soy redondo, redondo.

[8]

Se estira y se encoge,
caminando, caminando,
de día y de noche.

[9]

Del trabajo soy amiga
y por él adquirí fama;
y, aunque pequeña sea,
fuerza demuestro y ganas,
cuando vuelvo en fila india
con todas mis hermanas.

[10]

Soy un bichito verde
sobre la pared
que, corre que te corre,
busca qué comer.

[11]

Llevo la casa a cuestas
y ando muy despacito.
Cuando llegue el frío
no me podrás encontrar,
ya que busco un escondrijo
para poder invernar.

[12]

Soy enemigo del pastor,
pues con sigilo lo engaño
y me llevo de su rebaño
una oveja, la mejor.

[13]

Veo tres setas, una bellota,
seis nueces, una pelota,
un ratón muy escondido
y un pájaro que se ha dormido.

Soy enemiga del sol,
aunque me acompañan
pequeños soles,
y a pesar de tantas luces,
me iluminan con faroles.

[14]

Salimos cuando anochece,
nos vamos con el canto del gallo,
y hay quien dice que nos ve
cuando le pisan un callo.

[15]

Adivina, adivinanza:
¿quién será, será,
que de noche sale
y de día se va?

[16]

Sal al campo por las noches
si me quieres conocer;
soy señor de grandes ojos,
cara seria y gran saber.

[17]

Aunque mi semblante es muy
serio
y siempre voy vestido de luto,
en las noches de verano
cantando, cantando, disfruto.

[18]

Soy amiga de la luna,
no me gusta el sol,
y cuando amanece
apago mi farol.

[19]

¿Qué cosa es
que cuanto más grande
menos se ve?

[20]

Muy parecida al conejo,
aunque de lomo más alto;
domina bien la carrera,
y es campeona en el salto.

[21]

¿Cuál es de todos los animales
aquel que lleva en su nombre
las cinco vocales?

[22]

Soy astuto y juguetón,
y cazar un ratón
es mi mayor afición.

[23]

Soy pequeño y huyo del gato;
piensa en mí un rato,
y si añades una «n»
lo acertarás en el acto.

[24]

Todos me pisan a mí
y yo no piso a nadie;
todos preguntan por mí,
yo no pregunto por nadie.

[25]

Veo tres piñas y una escalera
junto a una casita de madera,
seis dados, una vela encendida,
dos C, una manzana mordida.

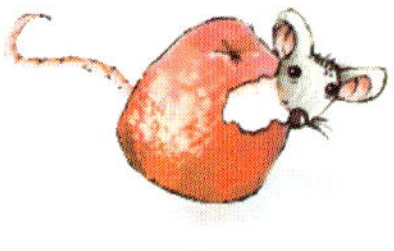

C
C

En él va la familia
y también el equipaje,
y, por las noches,
descansa en el garaje.

[26]

Vueltas y vueltas doy
y nunca mareada estoy.

[27]

Redondo como un roscón,
me obedece
el coche y el camión.

[28]

Con dos suelas de goma
y líquido para beber,
nadie puede alcanzarme
cuando decido correr.

[29]

Recorro largas distancias
con zapatos de metal
y en cada pueblo me paro
para que suba el personal.

[30]

De colorines
tengo los ojos;
cruza tranquilo
si guiño el rojo.

[31]

Tengo ruedas y pedales,
cadena y un manillar,
te ahorro gasolina
aunque te haga sudar.

[32]

Con una larga manguera
y un camión muy equipado,
acudo en veloz carrera
cuando un fuego se ha iniciado.

[33]

Enroscada,
parezco serpiente
que asusta a la gente.
Pero agua saca mi boca
y, aunque de goma,
no soy pelota.

[34]

Tengo cabeza de hierro
y cuerpo de madera;
si te pillo un dedo,
verás qué grito pegas.

[35]

Mi hermanita y yo
andamos al compás,
con el pico hacia delante
y los ojos hacia atrás.

[36]

Llevo secretos a voces
corriendo por esos mundos,
y sin que nadie los oiga
los doy en unos segundos.

[37]

Ave de hierro y acero,
canta con fuerte zumbido;
alas inmensas sin plumas
y un cobertizo por nido.

[38]

Unos meten por mi boca
mil secretos y noticias,
que otros después sacarán
haciéndome muchas cosquillas.

[39]

Llevo bata blanca,
miro la garganta,
receto aspirinas
y doy vitaminas.

[40]

Caminar es su destino
y, yendo de casa en casa,
de su cartera de cuero
saca paquetes y cartas.

[41]

Tengo los zapatos rotos
por la suela y el tacón;
¿quién me los arreglará
para que pueda andar mejor?

[42]

Soy una bola enorme
que gira constantemente,
y pronto no sabré ya
dónde meter tanta gente.

[43]

No ve nada
y ojos tiene;
si cruzo el río,
me sostiene.

[44]

Nazco y muero sin cesar;
pero sigo existiendo,
y, sin salir de mi lecho,
me encuentro siempre corriendo.

[45]

De mi tronco herido
sacan la resina.
En las piñas guardo
todas mis semillas.

[46]

Vive en lo más alto
y con un solo diente
llama a toda la gente.
¿Te suena de algo?

[47]

Elevada me ponen
para que el aire me dé;
giro y giro sin descanso,
y no muevo ni un pie.

[48]

Con patas largas
y un pico largo
construyo mi casa
en el campanario.

[49]

Veo tres bicicletas, un buzón,
siete señales de circulación,
cuatro peonzas en una plaza,
una fuente, un helado, una taza.

O
N
S
E

As no soy,
as no fui,
as no seré
hasta el fin.

[50]

Soy un animal elegante
muy veloz y poco fiero;
y cuando quiero calzarme
a casa voy del herrero.

[51]

Por un caminito
va caminando este bicho,
el bicho que ya te he dicho.

[52]

Dos torres altas,
dos miradores,
un quitamoscas,
cuatro andadores.

[53]

Con mi vestido se visten
y también doy alimento;
el lobo es mi mayor enemigo
y del pastor soy gran sustento.

[54]

Me gusta el cacareo,
el trigo y la lombriz,
y así que pongo un huevo
canto y canto muy feliz.

[55]

Un señor muy encumbrado
más puntual que un reloj;
se levanta muy temprano
y se acuesta con el sol.

[56]

Visto un bello plumaje,
en el agua siempre estoy;
con sólo tres letras
adivinarás quién soy.

[57]

En la ventana soy dama,
en el balcón señora,
en la mesa necesaria
y en el campo labradora.

[58]

Miles de hermanos,
rubios como yo,
le damos la vida
a quien nos sembró.

[59]

Salgo de la sala,
voy a la cocina,
meneando la cola
como una gallina.

[60]

Del tamaño
de un pepino,
pega voces
por el camino.

[61]

Veo un carretón, un rastrillo,
un cesto, un gato muy pillo,
dos ocas, un saco, una caja,
una A y un sombrero de paja.

Es un gran señorón;
verde sombrero en verano
y siempre pantalón marrón.

[62]

Nacemos en primavera,
el verano de verde nos pinta,
más tarde el viento nos lleva
de un lado a otro con prisa.

[63]

Bola gigante,
mayor que la Tierra;
alumbra y no es candela,
arde y no quema.

[64]

Sin ser nada tengo nombre;
siempre voy pegado a ti.
No podrás escapar de mí,
ya seas mujer u hombre.

[65]

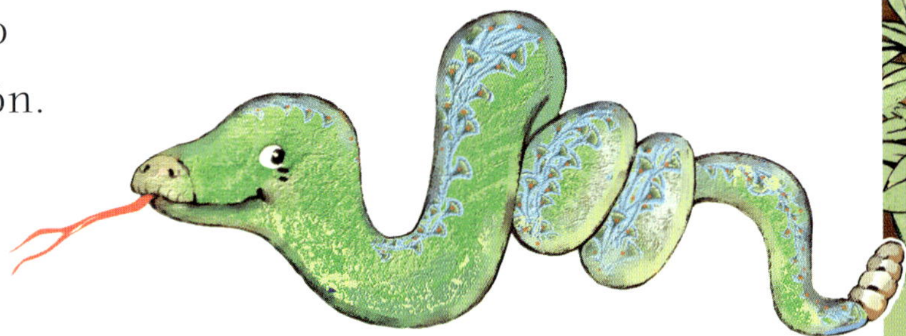

Hermoso vestido luzco
que en tienda no fue comprado.
Ágil y silenciosa como soy,
me deslizo por el prado,
y aquel con el que me cruzo
se queda muy asustado.

[66]

Con su trompa siempre a punto
pasa a tu lado zumbando
y, cuando menos lo esperas,
la sangre te va chupando.

[67]

En el circo me exhiben,
en la selva me persiguen.

[68]

Hablo y no pienso,
lloro y no siento,
río sin razón
y miento sin intención.

[69]

En rincones y entre ramas
mis redes voy construyendo,
para que moscas incautas,
en ellas vayan cayendo.

[70]

Ayer huevecito,
hoy capullito,
mañana volaré
como un pajarito.

[71]

Tiene famosa memoria,
tiene olfato y dura piel
y las mayores narices
que en el mundo pueda haber.

[72]

Que se beba por la boca
es algo normal de ver;
pero también hay quien bebe
solamente por los pies.

[73]

Veo tres monos, una pantera,
tres tigres pequeños a la carrera,
un pájaro azul, dos cocodrilos,
diez peces que nadan tranquilos.

Fui el primer sonido
que hiciste tú al hablar
y soy la primera letra
que en el alfabeto va.

[74]

Soy la letra más alegre
de todo el abecedario;
me bailan en Aragón
en fiestas y aniversarios.

[75]

Soy un palito
muy derechito
y, en la cabeza,
llevo sombrerito.

[76]

Adivina qué letra tiene
de pequeña una barriga
y, de mayor, dos.

[77]

La tienen los gallos,
también las gallinas.
La tienen los caballos
hasta en sus sillas.
¿No lo adivinas?

[78]

Si dices pez, me nombrarás,
si dices cielo, allí estaré,
si dices viento, soplaré,
si dices nieve, me dirás.

[79]

¿Qué cosa encontrarás
una vez en un minuto,
una vez en una semana,
una vez en un mes
y dos en un momento?

[80]

Me verás todos los días:
lunes, martes y demás;
pero en un año enterito
por dos veces nada más.

[81]

Vivo en el sol,
vivo en la sombra
y, cuando alguien se sorprende,
con admiración me nombra.

[82]

No es el final del zapato
pero sí es punta en la hoz;
no se inmuta con las coces,
sí con una sola coz.

[83]

Me encontrarás en la cara,
en las orejas, en la nariz,
también si ríes o lloras,
pero no si eres feliz.

[84]

La tiene el burrito
y no la sabe pronunciar;
la vaca no la tiene
y la repite sin cesar.

[85]

Soy un número
con cuerpo de patito
arqueado y redondito.

[86]

Es un número
que maravilla,
pues tiene forma de silla.

[87]

Número soy,
pero no valgo nada
si solo estoy.

[88]

¿Qué cosa será aquella
que mirada del derecho
y mirada del revés
siempre un número es?

[89]

Es un número delgado;
siempre está de pie,
nunca lo verás sentado.

[90]

¿Lo ves?
Si miras tu mano,
sabrás qué número es.

[91]

Tiene hojas
y no es nogal;
a veces tiene piel
y no es animal.

[92]

Soy blanco como la leche,
mi familia son los libros
y en las bibliotecas vivo
sin que nadie me eche.

[93]

Habla y no tiene boca,
corre y no tiene pies,
vuela y no tiene alas,
¿adivinas qué es?

[94]

Muy chiquito, chiquito,
pone fin a un escrito.

[95]

Volaré donde me mandes,
sea donde sea iré,
aunque alas no poseo,
ni tampoco tengo pies.

[96]

Lo mojo, lo pego
y viaja con el cartero.

[97]

HOTEL
MARTA
SANTI
A-Z

Veo seis D, dos H, una B,
tres animales que empiezan por C,
un cuatro, un cinco, un siete, un nueve,
una ardilla que ágil se mueve.

De la tierra subí al cielo,
del cielo bajé a la tierra
y me estanco en los charcos
para que tú te diviertas.

[98]

Son un rebaño de ovejas
que recorre alegre el cielo;
algunas veces nos mojan,
cuando beber quiere el suelo.

[99]

Si me tiran por el suelo,
ya no hay quien me recoja;
y el que intenta sostenerme
es seguro que se moja.

[100]

Soy cuerpo que nadie vio
y existo entre los mortales.
Soy causa de muchos males;
pero morirían, si faltara yo,
personas, plantas y animales.

[101]

Detrás de aquel cerro,
detrás de aquel otro,
relincha la yegua
y no se ve al potro.

[102]

Retumban los tambores
en el cielo encapotado;
los árboles sienten temblores,
el suelo aparece mojado.

[103]

Dios me mandó que volara
y le obedecí veloz;
por donde quiera que paso
todos escuchan mi voz.

[104]

¿Qué es, qué es,
tamaño de nuez,
que sube la cuesta
y no tiene pies?

[105]

Nací de un huevo pequeño,
con una cola muy larga,
y dando saltos me muevo
para zambullirme en el agua.

[106]

Doy al cielo resplandores
cuando cesa de llover,
abanico de colores
que jamás podrás coger.

[107]

Un caballero excelente
que, sólo cuando llueve,
acompaña a la gente.

[108]

Tiene copa, no para brindar;
tiene alas, no para volar.

[109]

Veo tres ranas cerca de un charco,
un niño que juega con un barco,
varios paraguas, un chubasquero,
dos botas azules, un bombero.

Entre verdes ramas nací,
en molino me estrujaron
y después me llevaron
a la cocina, a freír.

[110]

Verde fue mi nacimiento
y de luto me vestí,
mas con duro estrujamiento
oro fino me volví.

[111]

Tengo cabeza redonda
sin nariz, ni ojos ni frente,
y mi cuerpo se compone
tan sólo de blancos dientes.

[112]

En el campo nací
vestida con verdes lazos,
y el que más llora por mí
me está haciendo pedazos.

[113]

Dentro de una vaina voy
y ni espada ni sable soy.

[114]

Soy un viejo arrugadito,
muy bueno para comer;
y, cuando me echan al agua,
mi cuerpo suele crecer.

[115]

Ave y no vuela,
llana aunque rueda.
Si mucha atención has prestado,
ya lo habrás adivinado.

[116]

Tengo nombre de ciudad,
me conocen en la guerra
y en la frutería más.

[117]

Arquita chiquita
de buen parecer,
ningún carpintero
la ha podido hacer.

[118]

Una viejecita
con su palito detrás;
pasa, le digo,
¿no lo aciertas ya?

[119]

¿Qué cosa es
que se pasa,
se pesa,
se pisa
y se posa?

[120]

Tengo ojos y no veo,
en la tierra se me cría,
y algunas veces escaseo
por culpa de la sequía.

[121]

Dulce, blanca y amarilla,
a todo el mundo agrado;
¿deseas saber quién soy?
Espera, ¿te has enterado?

[122]

Es redonda como el sol,
verde de fuera y roja el interior.
Tiene agua sin ser fuente,
y el calor quita a la gente.

[123]

De la tierra nací
y en la tierra me crié,
y a la tierra volví
para volver a nacer.

[124]

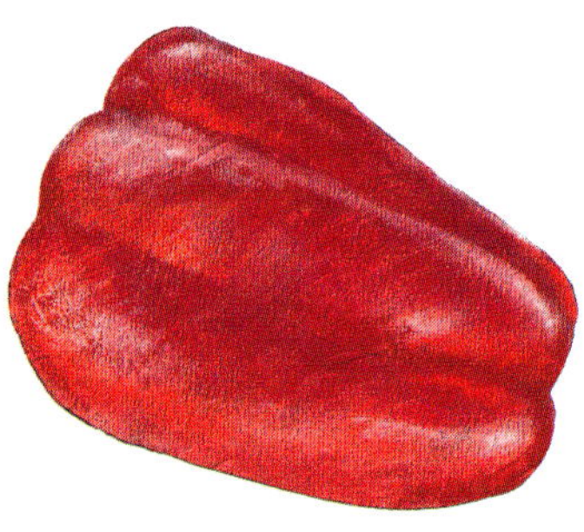

Agrio es su sabor,
bastante dura su piel
y, si lo quieres tomar,
tendrás que estrujarlo bien.

[125]

Oro parece,
plata no es,
el que no lo adivine
bien tonto es.

[126]

Es amarillo por fuera,
es amarillo por dentro,
tiene un gusto delicioso
y un corazón en el centro.

[127]

Blanco salí de mi casa,
con el tiempo enverdecí;
pero, como blanco fui,
a ese color volví.

[128]

Verde primero,
negro después;
y, antes de morir,
molido me ves.

[129]

Una señorita
va por el mercado
con su cola verde
y el traje morado.

[130]

Choco con un tranvía,
late mi corazón,
y quien no lo adivine
es un tontorrón.

[131]

Sabor de los sabores,
todos me buscan a mí,
y me tratan como a un perro
y me dicen «sal, aquí».

[132]

Digo pi y miento
y digo la verdad,
pero por listo que seas
no lo acertarás.

[133]

Veo cinco peras con etiqueta,
seis tomates verdes, una seta,
un gusano muy atrevido,
cuatro gatitos que se han escondido.

ARRO
SAL

El sol tiene frío,
no quiere salir;
metido entre nubes
se ha puesto a dormir.

[134]

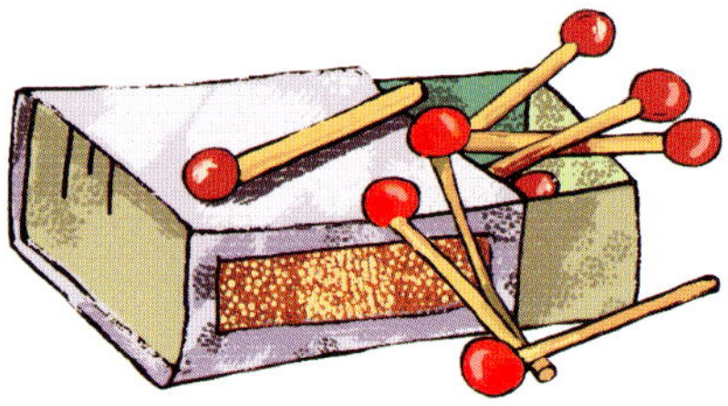

Con el frío del agua nace
y el calor lo deshace.

[135]

Frotando nace,
soplando crece
y, el que tiene frío,
su compañía agradece.

[136]

Soy más alta que un gigante
con mi gran boca humeante.

[137]

En el mercado, negrito;
en el fuego, rojito.

[138]

En cajas venimos
con gorritos colorados;
si nos rascan la cabeza,
pronto nos quemamos.

[139]

De doce hermanos que somos
el segundo yo nací;
y, si soy el más pequeño,
¿cómo puede ser así?

[140]

Adivina, adivinanza:
del tamaño de una cazuela,
tiene alas y no vuela.

[141]

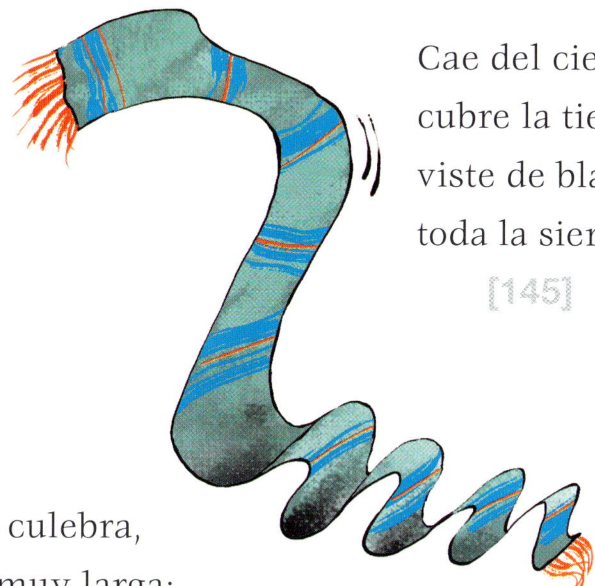

Como una culebra,
soy larga, muy larga;
me enrosco en el cuello,
doy vueltas y cuelgo.
Si no me adivinas,
¡frío tú pasas!

[142]

Soy de lana calentita;
si me ponen al revés,
las costuras tú me ves.

[143]

En el campo yo nací
y al fuego doy sustento;
donde quiera que me llevan
es para darme tormento.

[144]

Cae del cielo,
cubre la tierra,
viste de blanco
toda la sierra.

[145]

Veo barquillos, un tarro de miel,
cuatro figuritas, a Papá Noel,
seis estrellas, un sombrero nevado,
y un pájaro acurrucado.

FEBRE

¿Qué cosa es?
Vuela sin alas
y corre sin pies.
[146]

Cuatro estaciones tengo
y no hay tren que pueda decir:
a ellas voy, de ellas vengo
[147].

Un árbol con doce ramas;
cada rama tiene un nido;
cada nido, siete pájaros,
y cada cual su apellido.
[148]

Libro de poco tamaño,
sólo tiene doce hojas
pero se leen en un año.
[149]

Siete días tiene la dama,
seis trabaja sin cesar
de la noche a la mañana:
el séptimo para a descansar.
[150]

Si te casas
o te embarcas
en ese día fatal,
todo te saldrá mal.
[151]

Unas ventanas,
un portalito
y una chimenea
sobre el tejadito.

[152]

Los brazos desiguales
muevo muy lentamente
para que llegue pronto
toda la gente.

[153]

Desde un blanco ventanal
te cuento mil aventuras.
Doy una pista cabal:
se me ve mejor a oscuras.

[154]

¿Cúal es el instrumento
con dientes blancos y negros
que alegra los oídos
si lo tocas con los dedos?

[155]

Largas y delgadas
las cuerdas yo tengo,
y cuando las rascan
a la gente entretengo.

[156]

¿Quién es el que anda
al principio a cuatro pies,
más tarde sólo a dos
y después a tres?

[157]

Soy alta y delgada,
tengo un solo ojo,
hago vestidos
y no me los pongo.

[158]

Vengo al mundo a trabajar,
y tan mala suerte tengo,
que me pinchan sin remedio
y no me puedo quejar.

[159]

Dos compañeras,
van al compás
con los pies delante
y los ojos detrás.

[160]

Todo vestido o prenda
necesita de mi ayuda,
y el que abrocharse pretenda
es menester que a mí acuda.

[161]

Todos me buscan
para descansar
y, cuando me encuentran,
se pueden sentar.

[162]

Muy bonito por delante
y muy feo por detrás;
me transformo a cada instante
pues imito a los demás.

[163]

A pesar de mis cuatro patas,
no me puedo yo mover;
con la comida a las espaldas
y sin poderla comer.

[164]

Subo llena,
bajo vacía;
si no me apuro,
la sopa se enfría.

[165]

Soy largo señor,
la comida cojo
con sólo apretar.
Cuidado conmigo,
te puedes pinchar.

[166]

No es árbol y tiene hoja,
que puede ser larga o corta;
pero sea una u otra,
siempre, siempre, corta.

[167]

No tengo color
ni tengo sabor
y ¡cómo me buscas
cuando hace calor!

[168]

Soy blanco, soy tinto,
de color todo lo pinto;
me ponen en la mesa
y me subo a la cabeza.

[169]

Veo seis llaves, unos zapatos,
tres muñecas, un baúl, dos patos,
un abanico, una cinta roja,
un tren, una niña que se moja.

Soy coloradito,
soy redondo;
salgo tempranito
y de noche me escondo.

[170]

¿Qué es esa cosa
que entra en el agua
y no se moja?

[171]

En mí mueren los ríos
y por mí los barcos van;
muy corto es el nombre mío,
pues tres letras bastarán.

[172]

Es la reina de los mares
y su boca es tan enorme,
que al no ir nunca vacía,
siempre dicen que va llena.

[173]

¿Cuál es el animal
que vive en el agua,
tiene ocho patas
y anda hacia atrás?

[174]

Tengo tinta y no soy tintero,
en el mar me conoce
el mundo entero.

[175]

Soy pequeño y alargado
y en dos conchas abrigado;
como no puedo andar,
me pego a las rocas del mar.

[176]

Tres letras tiene mi nombre,
en los mares y en los ríos;
mas siete letras me ponen,
si en la red yo he caído.

[177]

Soy un guerrero del mar,
de finísima estocada,
que me dedico a pescar
con mi nariz alargada.

[178]

Tiene el morro afilado,
es un veloz nadador;
en tierra le han bautizado
como el gran devorador.

[179]

Recojo frutos sin siembra,
mi tractor suele vibrar;
por el campo en que trabajo
nadie puede caminar.

[180]

Sólo por mar y no por tierra
hasta mí podrás llegar.

[181]

Veo un ancla, un castillo de arena,
y pechinas una docena,
un flotador, unos catalejos,
estrellas de mar, siete cangrejos.

Caballitos que suben,
caballitos que bajan,
se mueven, dan vueltas
y a los niños encantan.

[182]

Volaba y volaba
y, desde el suelo,
un niño la sujetaba.

[183]

Ellos dicen que me quieren
para lograr jugadas,
pero, cuando me tienen,
me tratan siempre a patadas.

[184]

Varias piezas de seis caras
que se agitan en un pozo,
y cuando por fin se paran
causan tristeza o gozo.

[185]

Bailo siempre muy derecha
y, cuando me empiezo a cansar,
tiemblo y quietecita quedo
hasta que el niño en su juego
me vuelve a lanzar.

[186]

Transparentes y redondas,
nos hacen nacer soplando.
De corta vida somos
y la pasamos flotando.

[187]

Unas son calvas,
otras van peladas;
unas piensan mucho,
otras casi nada.

[188]

Tú los tienes, te los tocas,
te los sabes arreglar;
pero, aunque quisieras,
no los podrías contar.

[189]

Somos dos lindos gemelos
del mismo modo vestidos;
dormimos por las noches
y por el día vivimos.

[190]

Dos hermanos colorados,
juntos en silencio están,
pero siempre necesitan
separarse para hablar.

[191]

Cinco hermanos
de la mano:
el mayor ocupa el centro,
dos gemelos van al lado,
el pequeño en un rincón
y el gordito, despistado.

[192]

Dos hermanas son,
pero muy distintas
en su educación.

[193]

Una señorita
muy señoreada,
siempre va en coche
y siempre está mojada.

[194]

En una sala profunda
donde la voz corre y suena
hay una pobre dama
por parlanchina presa.
Soldados tiene de guardia,
dispuestos en hilera;
no son todos varones,
pues los más fuertes son hembras.

[195]

Treinta y dos sillitas blancas
en un viejo comedor,
y una vieja parlanchina
que los pisa sin temor.

[196]

Son dos cortinas
en dos ventanitas,
que bajando ocultan
dos niñas bonitas.

[197]

Es una cosa potente
que, sin piernas y sin alas,
crece, vuela y atraviesa
ríos, mares y montañas.

[198]

Entre dos piedras feroces
sale un tipo dando voces.

[199]

Tiene cuello
y no hay cabeza;
tiene mangas,
pero no con qué cogerlas.

[200]

Dos buenas piernas tenemos
y no podemos andar,
pero el hombre,
sin nosotros,
no se puede presentar.

[201]

Te la digo, te la repito,
te la vuelvo a repetir;
te la digo veinte veces,
¿no la sabes descubrir?

[202]

Peludo por fuera,
peludo por dentro;
levanta la pierna
y métela dentro.

[203]

¿Qué cosa es aquella
que cuando la atan se va
y cuando la sueltan se queda?

[204]

Y lo es, y lo es,
y no lo aciertas
en un mes.

[205]

Veo unas burbujas de jabón,
un payaso persiguiendo a un ratón,
diez mariposas, una avioneta,
un acordeón, una trompeta.

# Soluciones

1 Estrellas
2 Bosque
3 Abeja
4 Ardilla
5 Caracol
6 Ciempiés
7 Conejo
8 Sol
9 Gusano
10 Hormiga
11 Lagartija
12 Tortuga
13 Lobo
14 Noche
15 Estrellas
16 Luna
17 Búho
18 Grillo
19 Luciérnaga
20 Oscuridad
21 Liebre
22 Murciélago
23 Gato
24 Ratón
25 Camino
26 Coche
27 Rueda
28 Volante
29 Moto
30 Tren
31 Semáforo
32 Bicicleta
33 Bombero
34 Manguera
35 Martillo
36 Tijeras
37 Teléfono
38 Avión
39 Buzón
40 Médico
41 Cartero
42 Zapatero
43 Tierra
44 Puente
45 Río
46 Pino
47 Campana
48 Veleta
49 Cigüeña
50 Asno
51 Caballo
52 Vaca
53 Buey
54 Oveja
55 Gallina
56 Gallo
57 Oca
58 Agua
59 Trigo
60 Escoba
61 Cencerro
62 Árbol
63 Hojas
64 Sol
65 Sombra
66 Serpiente
67 Mosquito
68 León
69 Loro
70 Araña
71 Mariposa
72 Elefante
73 Plantas
74 Letra *A*
75 Letra *J*
76 Letra *I*
77 Letra *B*
78 Letra *LL*
79 Letra *E*
80 Letra *M*
81 Letra *S*
82 Letra *O*
83 Letra *Z*
84 Letra *R*
85 Letra *U*
86 Número *2*
87 Número *4*
88 Número *0*
89 Números *6* y *9*
90 Número *1*
91 Número *5*
92 Libro
93 Papel
94 Carta
95 El punto
96 Sobre
97 Sello
98 Lluvia
99 Nubes
100 Agua
101 Aire
102 Trueno
103 Tormenta

104 Viento
105 Caracol
106 Rana
107 Arco Iris
108 Paraguas
109 Sombrero
110 Aceite
111 Aceituna
112 Ajo
113 Cebolla
114 Guisante
115 Garbanzo
116 Avellana
117 Granada
118 Nuez
119 Pasa
120 Uva
121 Patata
122 Pera
123 Sandía
124 Semilla
125 Limón
126 Plátano
127 Melocotón
128 Arroz
129 Café
130 Berenjena
131 Chocolate
132 Sal
133 Pimiento
134 Invierno
135 Hielo
136 Fuego
137 Chimenea
138 Carbón
139 Cerillas
140 Febrero
141 Sombrero
142 Bufanda
143 Jersey
144 Leña
145 Nieve
146 El tiempo
147 Año
148 El año, los meses, los días
149 Calendario
150 Días
151 Martes
152 Casa
153 Reloj
154 Televisión
155 Piano
156 Guitarra
157 Hombre
158 Aguja
159 Dedal
160 Tijeras
161 Botón
162 Silla
163 Espejo
164 Mesa
165 Cuchara
166 Tenedor
167 Cuchillo
168 Agua
169 Vino
170 Sol
171 Rayos de sol
172 Mar
173 Ballena
174 Cangrejo
175 Calamar
176 Mejillón
177 Pez/pescado
178 Pez espada
179 Tiburón
180 Pescador
181 Isla
182 Tiovivo
183 Cometa
184 Balón
185 Dados
186 Peonza
187 Pompas de jabón
188 Cabeza
189 Cabellos
190 Ojos
191 Labios
192 Dedos
193 Manos
194 Lengua
195 Boca
196 Dientes
197 Párpados
198 Voz
199 Pedo
200 Camisa
201 Pantalón
202 Tela
203 Calcetín
204 Zapatos
205 Hilo

# Índice alfabético

A-Z
FEBRE